Günter Willumeit
Bauer Piepenbrink
Locker vom Trecker

Günter Willumeit

Bauer Piepenbrink
Locker vom Trecker
aus der **NDR WELLE NORD**-Serie

Verlag Michael Jung
Kiel

Abdruck mit freundlicher Genehmigung der Peer Musikverlag GmbH
Titelfoto: Rainer Drechsler

7. Auflage 1997
Alle Rechte vorbehalten
Zusammenstellung: Ulf Krüger
© 1995 by Verlag Michael Jung, Postfach 2604, 24025 Kiel
Gesamtherstellung:
Hans Kock Buch- und Offsetdruck GmbH, Bielefeld
ISBN 3-929596-17-2

VORWORT

Hunderttausende von Hörern der NDR 1 Welle Nord warten jeden Morgen um 8.50 Uhr darauf, daß es in ihrem Sender heißt: „Locker vom Trecker". Seit November 1992 erzählt ihnen Bauer Piepenbrink, alias Dr. Günter Willumeit aus Bad Segeberg, einen Witz, ein Döntjes, oder auch eine ostpreußische Geschichte aus seiner Heimat Memel.

Der Erfolg dieser Sendereihe war so groß, daß inzwischen drei CD's beziehungsweise MC's unter dem Titel „Locker vom Trecker" erschienen sind und ein noch breiteres Publikum gefunden haben. Raus aus dem Studio, rein in seine Stammkneipe „Bräustübl" in Bad Segeberg: So sind bei fünf öffentlichen Veranstaltungen mit Bauer Piepenbrink mehr als 400 Witze für den NDR entstanden. Bekannt durch Fernsehauftritte in der „Schaubude" oder der N3-Show „Freut Euch des Nordens" gab es für die Menschen in Nordeutschland ein Wiederhören mit ihrem Bauer Piepenbrink.

Wir freuen uns, Ihnen die schönsten Witze aus der Welle Nord-Reihe auch in Buchform präsentieren zu können.

Viel Spaß beim Lesen und beim Weitererzählen wünscht Ihnen im Namen der Welle Nord

Wolfgang Lorenz
verantwortlicher Redakteur

5

Bauer und Bäuerin

Piepenbrink sitzt am Abend sehr verärgert in der Küche.

Seine Frau ist nicht da. Das Abendessen steht nicht auf dem Tisch. Kurz – Piepenbrink ist total sauer. Dann erscheint seine Frau von oben bis unten bepackt in der Tür.

„N'Abend, Hannes. "

„N'Abend. "

„Du guckst ja bannig grimmig. "

„Ja. Wohl auch mit Recht? "

„Wieso das denn? "

„Da hat man den ganzen Tag gearbeitet wie ein Pferd, kommt abends nach Hause, und es ist noch nicht einmal etwas zu essen da! "

„Oh, Hannes, das sag' nicht. Ich war in der Stadt zum Einkaufen und hab auch gleich den Arzt aufgesucht. "

„Aha. Was hat der Doktor gesagt? "

„Ich hab mich zuerst einmal ausgezogen … "

„Aha. "

„Und dann hat er gesagt, daß ich 'nen schönen Busen habe. "

„Aha. Und was hat er noch gesagt? "

„Er hat gesagt, daß ich auch hübsche Beine habe. "

„Aha. Und was hat er noch gesagt? "

„Er hat gesagt, daß ich wunderhübsche blaue Augen habe. "

„Aha. Und was hat er über deinen Mors gesagt?"
„Och, Hannes, über dich haben wir gar nicht gesprochen!"

Zwei vom Dorf in der Stadt

Piepenbrink und sein Knecht haben allerlei in Hamburg zu erledigen. Als sie gerade eine belebte Geschäftsstraße entlanggehen, sagt der Knecht: „Mensch, Hannes, ich muß mal!"
Der Bauer weist ihn darauf hin, daß sie doch eben erst an einer öffentlichen Toilette vorbeigekommen sind. Aber es hilft alles nichts. Der Knecht stellt sich an einen Pfeiler und schon erscheint ein Polizist.
Erregung öffentlichen Ärgernisses! Der Schutzmann nimmt dem Knecht fünf Mark ab.
„Siehst du", sagt Piepenbrink, „was hab' ich dir gesagt? Die fünf Mark hättest du auch sparen können."
„Nee, nee", grinst der Knecht, „ich hab' ihn angeschmiert und in die Hose weitergepinkelt."

Einen Augenblick später muß Piepenbrink austreten. Glücklicherweise kommen dic beiden gerade an so einem öffentlichen Häuschen vorbei. Sie gehen hinein und stellen sich an die Wand. Nach einer Weile stellt der Bauer fest:
„Du, Eduard, wenn du pinkelst, ist das immer so

leise, und wenn ich pinkel, ist das immer so laut. "
„Ganz einfach, du pinkelst gegen die Blechwand und ich gegen deinen Lodenmantel. "

Die Pfändung

Bei der allgemeinen Finanzmisere kann es passieren, daß ein Bauernhof in Verschuldung gerät.

So geschieht es auch dem Bauern Piepenbrink, der neben seinem Hof noch eine Ziegendeckstation betreibt. Eines Tages erscheint bei ihm der Gerichtsvollzieher und sagt:

„Hör mal zu, es nützt ja nun alles nichts, ich muß bei dir was pfänden. "

„Du kannst alles pfänden, aber den Ziegenbock mußt du mir lassen. Der ist ja das einzige, was noch bares Geld bringt. "

„Gut", sagt der Gerichtsvollzieher, „wir machen das so: Der Ziegenbock gehört zwar mir, aber du kannst ihn weiterhin für dich arbeiten lassen. "

Der Bauer bedankt sich herzlich.

Bald darauf kommt Piepenbrinks nächster Kunde. Der Ziegenbock soll in Aktion treten. Aber nichts rührt sich. Nichts zu machen.

„So'n Mist ", sagt darauf der Bauer, „nun ist er erst eine Viertelstunde Beamter, und schon mag er nicht mehr arbeiten ! "

Wasserloch

Hannes Piepenbrink hat in der Stadt zwei Kühe verkauft und den Erfolg ordentlich begossen. Abends macht er sich auf den Heimweg. Da steht er plötzlich vor einem Wasserloch, das er überqueren muß. Er sendet ein Stoßgebet zum Himmel:

„Lieber Gott im Himmel, laß mir hier bloß heil 'rüberkommen!"

Er holt mit seinem Wanderstab zu einem gewaltigen Sprung aus. Er kommt so eben auf der anderen Seite an und kann sich gerade noch an einer Grassode festhalten. Er sieht gen Himmel und ruft:

„Hahaha, du Blödmann. Dich hätte ich gar nicht gebraucht!"

Kaum hat er das gesagt, löst sich die Grassode, und er steht bis zum Hals im Morast. Und wieder schaut er nach oben:

„Du kannst wohl auch keinen Spaß mehr ab da oben!"

Hahn

Piepenbrink fährt mit dem Trecker am Hof seines Freundes Steffen vorbei. Unglücklicherweise gerät ihm dessen bester Hahn unter die Räder. Schuldbewußt meldet er seinem Freund den Unfall und bietet ihm an, den Hahn zu ersetzen.

Steffen erwidert:

„Das kannst du ja mal versuchen. Aber ich glaube nicht, daß die Hühner damit einverstanden sind. "

Legehenne

Dem alten Piepenbrink wird ein schönes Huhn überfahren. Der Schuldige erscheint mit dem völlig platten Huhn beim Altbauern:

„Sagen Sie, ist das Ihr Huhn ? "

„Nee, so'ne platten Hühner haben wir nicht."

Die Weste

Piepenbrink besucht in der Kreisstadt ein öffentliches Bad. Sehr erfrischt kommt er abends nach Haus und erzählt seiner Frau, daß man ihm im Bad die Weste gestohlen habe.

Ziemlich verärgert beschließt er, diese segensreiche Einrichtung nie wieder aufzusuchen.

Als ein Jahr vergangen ist, fährt der Bauer wieder in die Stadt. Längst hat er seinen Ärger vergessen. Er geht trotz seiner anderslautenden Vorsätze in die Badeanstalt.

Abends sagt er freudestrahlend zu seiner Frau:

„Mieke, es ist alles klar. Die Weste hat sich wieder angefunden. Ich hatte sie aus Versehen unter dem Hemd angezogen. "

Zwei Bauern

Zwei Bauern treffen sich in der Stadt. Sie sehen sich einmal an – sie sehen sich ein zweites Mal an. Plötzlich sagt der eine ganz unvermittelt:
„Moin!"
Der andere auch:
„Moin!"
Sie gehen aufeinander zu:
„Sag mal, kennen Sie mir?"
„Nee, ich kenn' Ihnen gar nich'."
„Warum grüßen Sie mir dann?"
„... vergrüßt!"

Im Theater

Hannes Piepenbrink sitzt mit seinem Knecht im Theater. Dritter Rang.
Sagt der Knecht zum Bauern:
„Sag' mal, Hannes, findest du die Akustik auch so schlecht?"
Piepenbrink:
„Nee wieso, ich riech' gar nichts ..."

Hannes Piepenbrink war am Wochenende in der Oper. Nun erzählt er seinem Knecht, was er erlebt hat:
„Also, da steht einer auf der Bühne – wunderhübsch angezogen – und singt immer: Er ist gleich tot ...

Dann kommt noch so'n Kerl und singt auch: Er stirbt gleich...
Und dann noch hundertfünfundsiebzig Mann von hinten: Er stirbt – Er ist gleich tot – Er stirbt – Er ist gleich tot! Das hörst du dir 'ne Viertelstunde an... Glaubst du, einer holt 'nen Arzt?"

Theater-Programm

Piepenbrink fährt mit dem Trecker in die Stadt. – Schönen Smoking an – Gummistiefel... Die Frau sitzt auf dem Schutzblech.
Es geht ins Theater.
In Lübeck gerät er an einen Kreisverkehr und fährt sofort falsch. Er wird von einem Polizisten gefragt:
„Mann, haben Sie die Pfeile nicht geseh'n?"
„Oh, Gott, sind hier auch Indianer?"

Die Piepenbrinks betreten bald darauf das Theaterfoyer. Der Mann an der Kasse verkündet:
„Programm 20 Pfennig, Programm 20 Pfennig..."
Piepenbrink sieht seine Frau an:
„Nee, Mieke, laß uns abhau'n. Du wiegst zwei Zentner. Der Spaß wird mir zu teuer!"

Neue Schlachterei

Eine neue Schlachterei wird eröffnet. Auch Oma Piepenbrink erliegt den Verlockungen des Eröffnungsangebotes. Der Schlachtermeister will einen guten Eindruck machen und gibt jedem Kunden ein kleines Extra mit.

Für den einen hat er ein Stück Wurst, für den andern eine Schweinepfote.

Der Oma packt er als Präsent ein Würstchen ein. Zu Hause bemerkt sie, daß sie ein Würstchen zuviel hat.

Am nächsten Tag bringt sie die überzählige Wurst zurück. Der Schlachter erklärt ihr lächelnd:

„Aber Oma, das hab' ich dir zur Einführung mitgegeben ... "

„O Gott", sagt Oma, „ich hab' das Würstchen gegessen!!!"

Was trinken Sie?

Piepenbrink geht schweren Herzens zum Doktor. Als er dem Arzt gegenübersitzt, fragt dieser:

„Na, Herr Piepenbrink, was trinken Sie denn so?"

„Ach, Herr Doktor, was Sie gerade da haben!"

Trinken Sie viel?

Der Doktor macht gute Miene zum bösen Spiel und schenkt dem Patienten einen ein.
Dessen Hand zittert wie verrückt, als er das Glas zum Mund führt. Wissend fragt der Doktor:
„Sagen Sie, trinken Sie eigentlich viel?"
Piepenbrink winkt ab:
„Nee, nee, viel nich. Das meiste geht ja vorbei."

Nüchtern

Der Arzt untersucht Piepenbrink gründlich und gesteht ihm dann bekümmert:
„Ich kann nichts feststellen, aber es muß am Alkohol liegen."
Piepenbrink hat Verständnis:
„Na, denn komm' ich wieder, wenn Sie nüchtern sind, Herr Doktor."

Gürtelrose

Oma Piepenbrink fühlt sich seit Jahren nicht sehr wohl und ist außerdem ganz schön schwerhörig.
Endlich geht sie zum Arzt. Dieser stellt folgendes fest:
„Sie haben eine Gürtelrose. Die muß operiert werden."

„Oh Gott, das is ja furchtbar. Wenn ich das Opa verzähl', der fällt ja von Sessel."

Als sie nach Hause kommt, will Opa sofort das Ergebnis der Untersuchung wissen.

„Oh Opa", sagt sie, „das mag ich dir gar nich erzählen. Der Arzt hat gesagt, ich hab'n Kötel in der Hose. Der muß fotografiert werden!"

Erotik

Die Tochter von Steffen hat noch'n Macker abgekriegt. Nun haben sie geheiratet. Nach zwei Wochen merkt sie, daß was Kleines unterwegs ist. Sie erzählt also dem Doktor, was mit ihr los ist. Der Arzt fragt:

„Wie oft haben Sie ausgesetzt?"

Sie antwortet: „Ich glaub, nicht einen Abend!"

Günstiges Angebot

Piepenbrink hat ein äußerst günstiges Grundstück angeboten bekommen. 6000 qm zum Quadratmeterpreis von 40 Pfennig. Sein Freund Steffen kann das überhaupt nicht begreifen:

„Sag mal, da muß doch ein Haken dabei sein. Wo liegt denn das Gelände?"

„Auf den Golanhöhen!"

Weißes Röss'l

Piepenbrink geht mit seiner Frau in die Operette *Im weißen Röß'l*. Auf dem Nachhauseweg kauft er beim Kaufmann 10 Pfund Salz und schüttet den ganzen Segen daheim ins Bett. Seine Frau ist entsetzt:

„Wozu soll das denn gut sein? "

„Ja, hast du eben im Theater nicht gehört? – Im Salz kamma gut – da kamma gut ... "

Zwei Damen

Zwei Bauersfrauen unterhalten sich vor dem Kaufmannsladen:

„Weißt du was? Steffen seine Tochter hat geheiratet. "

„Und was hat sie für einen abgekriegt? "

„Ein' Veterinär. "

„Was will sie denn mit so 'nem alten Soldaten? "

„Oh, da bist du aber falsch informiert. Ein Veterinär ist einer, was kein Fleisch ißt! "

Gro-oß

Steffen und Piepenbrink machen eine Wanderung. Plötzlich:

„Hannes, halt mal an. Ich muß mal. "

„Groß oder klein? "

„Groooß! "

Steffen verschwindet hinter einer Hecke. Nach zehn Minuten meldet er sich:
„Hannes, hast mal Papier da?"
„Nö, ich laß mein's auch immer liegen!"

Der Haufen

Zwei Bauern bleiben vor einem schäbigen, vergammelten Haufen stehen und fragen sich, was das wohl sein mag. Beide sind ratlos, bis einer von dem verdächtigen Haufen ein bißchen probiert:
„Oha, das is ja Kuhschiet!"
„Mensch, gut, daß wir da nicht 'reingetreten sind."

Erdbeeren

Steffen und Piepenbrink begegnen einem Rentner, der einen großen Eimer voller Pferdeäpfel bei sich hat.
Sie fragen ihn, wozu er die Pferdeäpfel brauche.
„Die nehm' ich immer für die Erdbeeren."
Wundert sich Piepenbrink:
„Komisch, wir nehmen immer Milch und Zukker!"

Beim Psychiater

Durch die verschiedensten Vorkommnisse in seiner Familie geschockt, sucht der junge Piepenbrink einen Psychiater auf. Der fragt ihn zuerst nach dem Beruf.

„Ich bin Kraftfahrzeugmechaniker."

„Gut, dann legen Sie sich bitte unter die Couch ..."

Zucker

Piepenbrink und Steffen sprechen über ihre Krankheiten:

„Du, Hannes, dir kann ich es ja sagen – ich hab' immer so weiße Flecken in der Unterhose. Ich glaub', ich hab' Zucker."

„Oh", sagt Piepenbrink, „ich glaub', denn hab' ich Zimt!"

Oma & der Schnaps

Auch die alte Frau Piepenbrink trinkt sehr gern. Mit der Zeit treten die ersten Beschwerden auf. Sie geht zum Arzt:

„Herr Doktor, ich hab' was Schreckliches festgestellt. Wenn ich ein Glas trinke, gehe ich sofort jeden Mann an. Ich bin richtig nympho ... äh ... also, dann kann ich jeden Mann vernaschen!"

„Na, dann wollen wir erstmal ein Glas Cognac trinken, und anschließend besprechen wir die Sache."

Zuckerprobe

Piepenbrink geht ins Krankenhaus und trifft auch sofort auf einen jungen Assistenzarzt, der ihn nach seinem Anliegen fragt.

„Hast mal 'n Augenblick Zeit", fragt Piepenbrink.

Als der Doktor bejaht, zieht der alte Bauer aus der linken Joppentasche ein Stück Zucker und aus der rechten ein kleines braunes Fläschchen. Er gießt etwas vom Flascheninhalt auf den Zuckerwürfel und schiebt ihn dem erstaunten Arzt in den Mund.

Der Doktor fragt natürlich nach dem Grund von Piepenbrinks Tun, und dieser antwortet:

„Mein Hausarzt hat mir geschickt. Sie soll'n mal meinen Urin auf Zucker untersuchen!"

Porsche

Der junge Piepenbrink bekommt von seinem Vater einen knallroten Sportwagen geschenkt. Nun macht er zusammen mit seiner Freundin Mieke eine Probefahrt auf der Autobahn Hamburg-Lübeck.

Plötzlich bei Tempo 180 macht er eine Vollbremsung:

„Tut mir leid, Mieke, aber ich muß mal. "

Er stellt sich also an die Autobahnböschung und verrichtet sein Geschäft. Auf einmal kommt eine Stimme von unten :

„Altes Ferkel, hör sofort auf, mir auf den Kopf zu pinkeln! "

Darauf Piepenbrink:

„Du da unten, sieh dich mal vor in der Auswahl deiner Worte! Ich bin in Damenbegleitung. "

Die Stimme von unten:

„Ja, glaubst du vielleicht, ich lieg' hier auf'm Karnickel ? "

Reeperbahnbummel

Oma Piepenbrink steht bei einem Reeperbahnbummel vor der Herbertstraße. Durch ein Loch im Zaun beobachtet sie die Damen des horizontalen Gewerbes. Dann fragt sie einen Polizisten:

„Herr Wachtmeister, was sind das für Mädchen ? "

„Na, Oma, wenn du das wirklich wissen willst – das sind alles Prostituierte! "

„Na, wenn da man nich'n paar Nutten bei sind ..."

Melkschemel

Piepenbrink wird von einem Vertreter heimgesucht. Der Reisende trifft den Bauern an, wie er gerade in der Hocke sitzend eine Kuh melkt. Er bietet ihm zur Erleichterung der Arbeit zwei Melkschemel an.
Piepenbrink möchte in der Tat modernisieren und kauft die Schemel.
Nach Wochen kommt der Vertreter wieder auf den Hof und findet den Bauern schwer angeschlagen vor:
„Hat mit den Melkschemeln alles funktioniert?"
„Ganz gut", sagt Piepenbrink gramgebeugt, „hat nur 'ne ganze Zeit gedauert, bis ich die Kuh da 'raufgekriegt habe ... "

Mähdrescher

Bauer Piepenbrink sitzt mit seinen drei Söhnen am Tisch. Der Achtjährige:
„Papi, kann ich 'nen Roller kriegen?"
„Nix da, erst wird der Mähdrescher bezahlt!"
Der Zwölfjährige:
„Papi, alle in der Klasse haben ein tolles Fahrrad. Kann ich auch eins haben?"
„Nix da, erst wird der Mähdrescher bezahlt!"
Nun meldet sich der Sechzehnjährige:

„Papi, alle meine Kumpels haben ein Mofa. Kann ich auch so'n Ding haben?"

„Quatschkram, erst wird der Mähdrescher bezahlt!"

Der Älteste geht ziemlich sauer über den Hof und sieht, wie der Hahn auf die Henne steigt. Er nimmt Anlauf und tritt dem Hahn voll in den Hintern:

„So, du gehst auch so lange zu Fuß, bis der Mähdrescher bezahlt ist!"

Schweinezucht

Piepenbrink trifft im Dorfkrug einen anderen Bauern. Nach einem Begrüßungskorn fragt dieser ihn:

„Du, Hannes, wir haben uns ja lange nich geseh'n. Was is eigentlich aus deine Schweinezucht geworden?"

„Oh Mann, das ging ja furchtbar inne Hose. Das muß wohl an den Eber gelegen haben. Ich hab alles versucht, aber der Eber wollte nich so richtig. Da bin ich denn in meine Verzweiflung nach'n Tierarzt gegangen, und der hat mir denn für'n Eber so'n paar Tabletten gegeben. Also, denn ging das ja man gut los . . ."

Der andere ist natürlich sehr interessiert:

„Ja Mensch, was war'n das denn für Tabletten? Hast du den Namen behalten?"

„Nee, an den Namen kann ich mir nich mehr erinnern, aber die Dinger haben so'n bißchen nach Pfefferminz geschmeckt."

Das Stärkungsmittel

Hannes Piepenbrink kommt völlig verstört zum Arzt:
„Herr Doktor, Sie haben mir doch gestern so'ne Flasche mit 'nem Stärkungsmittel verschrieben, nich?"
„Ja ... und was ist mit der Flasche?"
„So'n Mist!!! Ich krieg die nich auf!!!"

Grabrede

Hannes Kruse, ein Gemeindemitglied, das sich um die Schule, die Feuerwehr und Heimat – sowie Sportverein verdient gemacht hat, ist verstorben.
Bauer Piepenbrink hat die schwere Pflicht, die Grabrede zu halten.
„Hannes Kruse ist nich mehr unter uns.
Er liech nun hier zu meine Füße in diese kühle Gruff und lebt nich mehr.
Hannes Kruse – wir haben zusammen zur Schule gegangen. Sie hab'n uns zusamm konfemiert.
In Kriege so manche bittere Träne geweint ...

Un nu liechs du hier un lebst nich mehr.

Hannes, du warst mit den Gedanken der Feuerwehr soo eng verbunden.

Ohne dir hätten wir die neue Spritze nie ge-
kriegt – nie ! Un nu liechs du hier un lebst nich
mehr.

Hannes! Das hättest du dir auch verkneifen können!!!"

Operation

Der alte Piepenbrink soll das erste Mal in seinem
langen Leben operiert werden. Er liegt im OP –
alles ist weiß abgedeckt – man hat ihn mit Beruhi-
gungsmitteln versorgt, als der Professor die
Schwester auffordert: „Marianne, machen Sie
bitte die Instrumente klar."

Da richtet sich der alte Piepenbrink auf:

„Oh nee, Herr Perfesser, Sie sin mir aber auch
einer! Ich liech hier halbdot 'rum, un Sie woll'n
Musik machen..."

Abkommen

Vor der Deutschen Bank steht eine Würstchen-
bude. Ein Bekannter des Wurstverkäufers kommt
vorbei und will ihn um fünfzig Mark anpumpen.
Der Wurstmaxe bedauert:

„Kann ich leider nicht machen. Ich habe ein strenges Abkommen mit der Bank. Ich verleihe kein Geld, und die verkaufen keine Würstchen!"

Vollidiot

In der Sparkasse. Der Kunde zum Schalterbeamten:

„Geben Sie mir bitte ein Scheckheft, Sie Vollidiot!"

Der Angestellte, ein korrekter Mann, ist völlig verdutzt, als der Kunde ungehalten wiederholt:

„Sie sollen mir sofort ein Scheckbuch geben, Sie Vollidiot!"

Der Beamte sucht den Bankdirektor in dessen Büro auf und berichtet:

„Herr Direktor, im Schalterraum ist ein Mann, der hat zu mir gesagt: Geben Sie mir ein Scheckbuch, Sie Vollidiot!"

„Mal ganz ruhig. Ist der Mann unser Kunde?"

„Jawohl, Herr Direktor."

„Hat er auch etwas auf dem Konto?"

„Jawohl, Herr Direktor."

„Wieviel?"

„Etwa 10 Millionen!"

„Dann geben Sie ihm endlich das Scheckbuch, Sie Vollidiot!"

Sargkauf

Ein Mann geht in ein Bestattungsinstitut:

„Guten Tag. Ich hätte gern einen Sarg. Meine Schwiegermutter ist verstorben."

„Sie haben Glück! Ich habe gerade meine Werbewoche. Ich kann Ihnen einen traumhaften Sarg in Eiche, wunderschön gearbeitet, herrliche Zinnbeschläge, ganz mit Samt ausgelegt, für nur 2200 DM anbieten."

Dem Kunden ist dieses Modell entschieden zu teuer.

„Dann kann ich Ihnen diesen Sarg in Birke empfehlen – 1400 DM – geschmackvolle Kupferbeschläge, innen mit Leinen bezogen . . ."

Auch zu teuer. Der Bestattungsunternehmer macht ein letztes Angebot:

„Ich hab' hier noch einen in Sperrholz. Der kostet 650 DM, hat aber auch keine Extras."

Aber selbst dieser Sarg ist dem Mann nicht preiswert genug.

In dem Augenblick kommt der Sargtischler des Instituts hinzu:

„Sagen Sie, würden Sie 60 DM ausgeben wollen?"

„Ja, 60 DM ist mir die Sache wert."

„Na gut. Bringen Sie die Schwiegermutter vorbei. Dann kloppen wir'n paar Griffe dran!"

Banküberfall

Banküberfall!
Drei maskierte Banditen haben das Bankpersonal gezwungen, sich mit dem Gesicht zum Boden hinzulegen. Nur eine Sekretärin liegt in verführerischer Pose auf dem Rücken.
Als der Bankdirektor das sieht, ermahnt er sie:
„Fräulein Müller, es handelt sich hier um einen Banküberfall und nicht um einen Betriebsausflug!"

Radio

Ein Mann kommt ins Radiogeschäft:
„Sie haben mir gesagt, daß man mit diesem Gerät alle Sender Europas empfangen kann ..."
„Na und, kriegen Sie die etwa nicht?"
„Doch, das schon. Aber alle auf einmal!"

Geschenk

Der junge Mann wendet sich hilfesuchend an eine Verkäuferin:
„Ich hätte gern ein passendes Geschenk für eine hübsche Frau."
„Denken Sie an etwas Bestimmtes?"
„Das ist doch wohl klar! Deshalb brauch' ich ja das Geschenk!"

28

Leichenhemden

Ein Mann betritt das Bestattungsinstitut:
„Guten Tag, ich müßte mal ein Leichenhemd kaufen."
„Na, da haben Sie aber Glück. Wir haben gerade ein ganz neues Sortiment hereinbekommen. Dieses Hemd kostet zum Beispiel ganze DM 64,50. Dann haben wir hier ein anderes Modell, übrigens unser Schlager, das kostet DM 82,30."
„Wie kommt denn der Preisunterschied zustande?"
„Das für 82,30 ist bügelfrei!"

Lehrlinge

Der Chef zu seinem Lehrling:
„Du, Konrad, heute melden wir Konkurs an, damit du das auch mal lernst."

Zwei Chefs eines größeren Unternehmens diskutieren darüber, wessen Lehrling eigentlich der Dümmere von den beiden sei. Der eine möchte gern die Dummheit seines Lehrjungen demonstrieren. Er ruft ihn herein:
„Hör mal zu, Siegfried, du fährst jetzt mit dem Fahrstuhl in den dritten Stock und siehst nach, ob ich da bin!"
Der Junge verschwindet. Nun will der andere

Chef seinen Lehrling vorführen:
„Pauli, komm mal her. Hier hast du zwei Mark. Hol' mal bitte 15 Flaschen Exportbier. "
Pauli rennt los. Die beiden Lehrlinge treffen sich im Fahrstuhl. Sagt Pauli:
„Oh, mein Chef ist vielleicht bekloppt, du! Der gibt mir zwei Mark. Dafür soll ich 15 Flaschen Exportbier holen. Wie kann ich denn davon überhaupt Pfand bezahlen? "
Da meint der andere:
„Meiner ist noch viel bekloppter! Der schickt mich mit'm Fahrstuhl in'n dritten Stock, ich soll nachsehen, ob er da ist – als ob wir kein Telefon hätten! "

Fliege

Gast:
„Herr Ober, was macht die Fliege hier eigentlich im Bier? "
Ober:
„Von hier sieht es aus wie Rückenschwimmen! "

Kaffee

Gast:
„Herr Ober, die Tasse hat einen Sprung! "
Ober:
„Da können Sie mal sehen, wie stark unser Kaffee ist! "

Zunge in Madeira

Gast:

„Was können Sie mir denn heute empfehlen, Herr Ober?"

Ober:

„Wie wär's mit Zunge in Madeira?"

Gast:

„Hören Sie mal, ich werde doch nichts essen, was schon mal jemand im Mund hatte!"

Ober:

„Na gut, darf's dann ein hartgekochtes Ei sein?"

Der Säugling

Eine junge Mutter sitzt im Zugabteil und hat ihren Säugling auf dem Arm. Sie macht links frei, sie macht rechts frei, aber der Kleine will überhaupt nicht trinken. Da droht sie:

„Wenn du jetzt nich saufst, kriegt's der Schaffner!"

Zug verpaßt

Ein Mann steht völlig außer Puste auf dem Bahnsteig. Der Stationsvorsteher will ihn trösten:

„Na, ist Ihnen der Zug vor der Nase weggefahren?"

„Glauben Sie vielleicht, ich hab ihn verscheucht?"

Am Fahrkartenschalter

„Ich möchte eine Karte nach Frankfurt."
„Geht klar. Frankfurt am Main oder Frankfurt/
Oder?"
„Völlig egal. Ich werde abgeholt!"

Die Eier

In einem Zugabteil sitzt eine ältere Dame. Neben
ihr liegt ein sorgfältig verschnürtes Paket.
Ein sehr stürmischer junger Mann kommt ins
Abteil und will sich, ohne hinzusehen, auf den
Platz setzen, auf dem das Paket liegt.
Da ruft die alte Dame: „Vorsicht, junger Mann,
die Eier!"
„Wieso, sind da Eier drin?"
„Nee, Stacheldraht!"

Zwei Freunde

„Eduard, ich glaube, wir kommen in eine größere
Stadt."
„Wie kommst du denn darauf?"
„Wir überfahren immer mehr Menschen!"

„Hast du schon gehört, daß in Paris jede Stunde
ein Mensch überfahren wird?"
„Donnerwetter – wie der das bloß aushält!"

Oberst – Hydrant

Ein alter Oberst steht noch einmal vor der Kompanie und gibt seine Befehle:
„Augen geradeaus – die Augen links – Augen äh geradeaus – Augen rechts – äh äh – auch Sie dahinten ganz in Rot hören auf mein Kommando!"
Kommt ein Feldwebel und klärt ihn auf:
„Herr Oberst, das dahinten ist ein Hydrant!"
„Ganz egal, auch Akademiker hören auf mein Kommando!"

Sixtinische Kapelle

Oberst: „Na, von Schlaten, wo ist die Hochzeitsreise hingegangen?"
Leutnant: „War in Italien. Phantastisches Land. Hab' sogar die Sixtinische Kapelle gesehen."
Oberst: „Spielen ja doll, die Jungens..."

Höhe 25

„Soldaten! Die Höhe 25 wird in 'ner Viertelstunde genommen. Die Männer werden vergewaltigt, die Frauen werden erschossen!"
„Herr Hauptmann, ein kleines Mißverständnis. Sie meinen: die Männer werden erschossen, die Frauen vergewaltigt."

„Selbstverständlich, selbstverständlich . . ."
Eine zarte Stimme aus dem letzten Glied:
„Oh, Herr Hauptmann, versprochen ist versprochen!!!"

Rechnung

„Oh, Hannes, du mit deinen ewigen Selbstmord-
versuchen. Sieh dir doch mal die Gasrechnung
an!!!"

Hochzeitstag

„Also, mit dir ist wirklich nichts los. Du hast nur
noch den Fußball, den Stammtisch und das Fern-
sehen im Kopf. Du weißt ja nicht einmal, wann
unser Hochzeitstag war."
„Na klar, weiß ich das. Das war an dem Tag, als
der HSV gegen Schalke 3 : 1 gewonnen hat!"

Adam & Eva

Eva: „Adam, liebst du mich?"
Adam: „Klar, wen denn sonst?"

Das geht nicht

Der Liebhaber will seine Freundin zum Äußersten überreden:
„Eigentlich könnten wir doch endlich mal . . .
Weißt du, ich hab' dich so wahnsinnig lieb!"
„Nein, das geht auf keinen Fall. Erstens kann ich das mit meinem Glauben nicht vereinbaren, zweitens möchte ich als Jungfrau in die Ehe gehen und drittens bekomme ich danach immer wahnsinnige Kopfschmerzen."

Parkbank

Zwei Liebende sitzen auf der Parkbank. Der junge Mann redet auf das Mädchen ein:
„Ach bitte, laß uns doch . . ."
„Nein, ich hab Skrupel!"
„Macht doch nichts. Ich bin gegen alles geimpft."

Scharf genug

Die junge Frau hat das Essen aufgetragen. Nach einer Weile erkundigt sie sich:
„Na, Waldemar, scharf genug?"
„Das schon, aber laß uns doch erstmal essen!"

Baumwollsocken

Ein Herr kommt zum Psychiater:
„Herr Doktor, ich mag so schrecklich gern Baumwollsocken."
„Das ist doch nicht so schlimm. Die mag ich auch sehr gern."
„Das ist doch nicht möglich! – Auch mit Essig und Öl???"

Prostata

Ein Stotterer trifft seinen Nachbarn und fängt munter an zu plaudern:
„Wwwo wwillst ddu ddenn hin?"
„Zum Arzt!"
„Wwaas, ddu zzum Arzt? Ddu bbist ddoch kkerngesund!"
„Nee, nee, der Arzt hat festgestellt, daß ich was an der Prostata habe."
„Aan dder Pprostata? Wwas is ddas ddenn?"
„Ich pinkel so, wie du redest!"

Ich kann wieder laufen

Durch Bad Segeberg läuft ein aufgeregter Kurgast:
„Ich kann wieder laufen! Ich kann wieder laufen!"

Es hält ihn einer an und fragt:
„Was hatten Sie denn? Waren Sie gelähmt oder so?"
„Nee, man hat mir gestern den Führerschein abgenommen!"

Jeden Morgen

Ein Segeberger sitzt ziemlich ängstlich beim Arzt. Kommt der Doktor auf ihn zu:
„Bitte, mein Herr, was kann ich für Sie tun?"
„Ja, Herr Doktor, das is nich so einfach. Also jeden morgen Punkt halb neun, da mach ich soo einen Haufen. Sie können die Uhr danach stellen – halb neun."
„Na, das ist doch schön, daß Sie so'ne gute Verdauung haben. Das geht ja längst nicht allen Patienten so."
„Ja, aber der Mist ist, ich steh' immer erst um zehn auf!"

Beim Zahnarzt

Zu einem Zahnarzt kommt ein sehr verschüchterter Mann.
„Dokter, Se glöben gor nich, wat ick för'n Schiß hebb also vor'n Zahnarzt. Nee, da geh' ick ja lieber zweimal nach'n Praktischen, aber vor'n Zahnarzt da hebb' ick ja bannig Schiß."

„Passen Sie mal auf ganz ruhig, ganz ruhig. Wir trinken erstmal 'nen schönen Cognac ..."

Er flößt dem Patienten so fünf – sechs Cognac ein und fragt:

„Na, haben Sie jetzt noch Angst?"

„Nee, aber wenn mir jetzt einer anfäßt, kriegt er paar an'ne Fresse!"

Martin Luther

Der Schleswig-Holsteiner ist für seine Trinkfreudigkeit bekannt. Nach einem feucht-fröhlichen Abend macht sich einer torkelnd auf den Heimweg. Plötzlich verspürt er den Drang, das Getrunkene loszuwerden. Er stellt sich an eine Hauswand, um sein Geschäft zu verrichten. Natürlich merkt er nicht, daß er an einer Kirche steht.

Da hört er eine Stimme von hinten:

„Was würde wohl Ihr Dr. Martin Luther dazu sagen?"

Der Betrunkene dreht sich um:

„Hör' mir bloß auf mit diesen Vertrauensärzten!"

Foxtrott

Zwei Angler stehen schweigend am Fluß. Plötzlich sagt der eine verärgert:

„Was ist eigentlich mit dir los? Schon zum zweitenmal stellst du heute einen Fuß zur Seite. Angeln wir oder tanzen wir Foxtrott?"

38

Auf dem Gerüst

Auf einem Baugerüst sitzen drei Maurer.
Erster Maurer: „Jaja, Willi is ja nu auch tot.“
Zweiter Maurer: „Ja, er is vom Gerüst gefallen.“
Dritter Maurer: „Er sah auch immer schon etwas blaß aus!“

Zwanzigmarkscheine

In der Nähe eines großen Stadions wird ein Radfahrer von einem Polizisten gestoppt, weil er kein Licht an seinem Fahrzeug hat. Der Radfahrer erklärt: „Das Licht ist an. Ich hab' nur vorn und hinten auf dem Gepäckträger Säcke liegen, in denen ich Sachen aus meinem Schrebergarten transportiere. Von denen wird der Lichtstrahl anscheinend verdeckt.
Polizist: „Na, das ist ja interessant. Dann geben Sie mal erst zwanzig Mark her.“ Der Radfahrer langt in den vorderen Sack und zieht einen Zwanzigmarkschein heraus. Erstaunt fragt der Polizist, was denn in dem Sack sei.
„Zwanzigmarkscheine natürlich! Wissen Sie, mein Garten liegt direkt neben dem Stadion. Wenn so'n großes Spiel zu Ende ist, strömen die Leute heraus und stellen sich an meinen Zaun ...
Naja, dann stehe ich mit der Heckenschere dahinter und rufe: „Zwanzig Mark her, oder ich schneid' ihn ab!“

„Donnerwetter! Und was ist in dem anderen Sack?"

Der Radfahrer: „Wissen Sie, es zahlt eben nicht jeder!"

Mann im Kaufhaus

Ein Mann geht in ein Kaufhaus und wird sofort vom Empfangschef angesprochen: „Guten Tag, mein Herr, kann ich Ihnen helfen?"

„Tag, ich suche einen Schirm."

Empfangschef: „Ersten Stock."

„Nein", antwortet der Kunde, „erst'n Schirm."

Plastiktüte

Ein Mann steht mit einer prallgefüllten Plastiktüte am Tresen einer dörflichen Kneipe. Er bestellt einen Korn und ein Bier, trinkt beide aus und knallt die Plastiktüte mit voller Wucht gegen die Theke.

Er bestellt wieder einen Korn und ein Bier, trinkt und haut die Plastiktüte wieder lautstark gegen das Holz. Der Wirt wendet sich besorgt dem Gast zu und fragt, was ihn denn wohl bedrücke. Dieser antwortet:

„Wissen Sie, was mir da passiert ist, kann wirklich nur mir passieren. Meine Frau hat am Wochenende vergessen, unseren Lottoschein abzugeben und heute erfahre ich, daß wir sechs Richtige haben!"

„Na, der hätte ich aber ganz schön den Kopp abgehau'n."

„Was glauben Sie denn, was ich hier in der Plastiktüte hab'..."

Grün nach oben

In der gleichen Stehbierhalle erscheint ein Mann, bestellt ein Bier und einen Korn, geht zur Tür und ruft hinaus: „Grün nach oben!"

Er trinkt noch ein Bier und einen Korn, geht zur Tür und ruft: „Grün nach oben!"

Dem Kellner kommt das komisch vor, und er fragt den Gast:

„Was ist denn mit Ihnen los? Sie rennen dauernd zur Tür und rufen ‚Grün nach oben'."

„Ganz einfach. Ich beaufsichtige zwei Ostfriesen. Wir pflanzen Bäume."

Im Hotel

Ein echter Hinterwäldler übernachtet das erste Mal in einem Hotel. Am nächsten Morgen fragt man ihn an der Réception: „Sagen Sie, haben Sie auch ein Bad genommen?"

„Nee, fehlt eins?"

Zwei Rennstallbesitzer

Zwei Rennstallbesitzer unterhalten sich:
„Na, haben Ihre Pferde schon mal gewonnen?"
„Meine Pferde? - Aber sicher! Zweiundzwanzig erste, achtzehn zweite und dreizehn dritte Plätze . . . !"
„Donnerwetter! Womit füttern Sie?"
„Frischen Klee, Lecithine, jeden Tag Hafer, frisches Wasser . . . Immer schön im Training. - Und was kriegen Ihre Pferde?"
„Vor'm Start bekommt jedes 'ne schöne Pulle Whisky, 'ne halbe Flasche Korn, drei Berliner Weiße mit Schuß und zum Abschluß 'ne schöne Flasche Sekt."
„Und - haben Sie schon mal gewonnen?"
„Nee, aber am Start sind meine immer die Lustigsten!"

Stotterer – Gärtner

Ein Stotterer trifft auf einen Gärtner. Nachdem die beiden sich begrüßt haben, sagt der Gärtner:
„Du, ich weiß ein ausgezeichnetes Mittel, daß niemand merkt, wie du stotterst."
Der Stotterer möchte natürlich wissen, wie das funktioniert.
Der Gärtner:
„Ganz einfach, du mußt den Mund halten!"

Der Stotterer überlegt einen Augenblick:
„D-D-D-Du, ich wawawa weiß ein p-prima M-M-Mittel, d-d-daß in d-deinem G-Garten kein Unke-Unkraut m-mehr wächst!"
Nun ist der Gärtner natürlich gespannt:
„Und das wäre?..."
„B-B-BETONIEREN!"

In der Oper

Es kann passieren, daß ein Schleswig-Holsteiner sich kulturell bildet. Sitzt also einer in der Oper, und das Stück will ihm absolut nicht gefallen. Endlich ruft er:
„Ist ein Arzt hier?"
Nichts geschieht.
Er versucht es noch einmal:
„Ob hier'n Doktor is, hab ich gefragt!"
Schließlich meldet sich einer:
„Ja, hier! Was ist los?"
„Herr Doktor, finden Sie die Oper auch so schwach?"

Schießbude

Auf dem Jahrmarkt nähert sich ein sehr betrunkener Mann einer Schießbude:
„Hallo kleines Fräulein, dürfte ich bitte mal ein Schüßchen wagen? Du hast doch hier so schöne

Flinten. Laß mich einmal schießen. Ich bezahle auch das Doppelte!"

„Was? Sie sind doch total betrunken. Ich kann Ihnen jetzt auf keinen Fall ein Gewehr geben."

„Oh, laß mich doch bitte einmal schießen!"

Er legt das Gewehr an – und BUMS – genau in die Zwölf.

Die Dame greift nach unten und holt eine kleine lebende Schildkröte unter dem Tresen hervor.

„Hier", sagt sie, „das ist der erste Preis."

„Das ist aber ein wunderschöner Preis", lallt der Betrunkene. „Da möchte ich mich herzhaft bedanken!"

Eine halbe Stunde später kommt der gleiche Mann zurück – aber noch voller.

„Hallo, kleines Püppchen, du kleine Schnuckelbacke. Kann ich nochmal das Gewehr bitte haben? Es gelüstet mich nach einem sportlichen Schüßchen!"

„Na, guter Mann, jetzt sind Sie ja noch voller. Nun kann ich Ihnen das Gewehr aber auf keinen Fall geben.."

Es gelingt ihm, das Schießbudenfräulein ein zweites Mal zu überreden, und er bekommt das Gewehr.

Schwankend legt er an, drückt ab – und wieder mitten in die Zwölf. Sie überreicht ihm noch eine kleine Schildkröte, und er verschwindet im Getümmel.

Es vergehen fünfzehn Minuten. Dann zieht der Kunstschütze sich wieder am Tresen hoch.

„Hallo, mein kleines Schnuckiputzilein. Kann Onkel Herbert noch ein Schüßchen machen?"

Dem Fräulein ist mittlerweile alles egal, und es reicht ihm wortlos das Gewehr. Zum dritten Mal trifft er genau ins Schwarze.

Das Fräulein beugt sich nach unten und merkt, daß es keine Schildkröte mehr hat. Sie gibt ihm eine Flasche Sekt und sagt:

„Bitte sehr, das ist jetzt der erste Preis."

„Oh", sagt der Betrunkene, „hast du keins mehr von diesen schönen belegten Brötchen?"

Das Erbe

Zwei Freunde treffen sich. Der eine ist völlig niedergeschlagen:

„Vorgestern bekomm' ich ein Telegramm. Ein Onkel in den USA ist verstorben. Ich habe 4 Millionen Dollar geerbt."

„Dann mach' doch nicht solch ein Gesicht, das ist doch prima!"

„Wart' ab, es kommt noch schlimmer. Gestern kriege ich ein Telegramm aus Australien. Eine Erbtante hinterläßt mir ihr gesamtes Vermögen."

„Wunderbar! Und was guckst du dann so betrübt?"

„Heute war noch gar nichts – wie abgeschnitten!"

Die Wahl

In der Zeit, als es noch Großherzöge gab, fährt einer dieser Herren mit seinem Knecht in der Kutsche zu einer Wahl in die Kreisstadt. Plötzlich fragt er seinen Knecht:

„Johann, hast du dir auch einen Wahlzettel besorgt?"

„Gewiß, der Herr!"

„Dann zeig ihn mir mal 'rüber."

Er sieht sich den Wahlzettel an und ist entsetzt:

„Bist du nicht ganz dicht? Bist du nicht ganz schußecht? Du mußt dir 'nen schwarzen Zettel besorgen – Zentrum!"

„Gewiß, der Herr."

Nach der Wahl holt der Knecht seinen Herrn aus dem Ratskeller ab.

„Sag mal, Johann, hast du dir den schwarzen Zettel besorgt?"

„Gewiß, der Herr."

„Und was hast du mit dem anderen Zettel gemacht?"

„Damit hab' ich Krischan Kröger angeschmiert, der wußte das noch nicht!"

VW

„Sag mal, Karl-Heinz, wo arbeitest du denn im Augenblick?"
„Ich bin bei VW."
„Am Band?"
„Nee, wir dürfen frei 'rumlaufen!"

Sägemehl statt Futter

„Ich kann dir sagen, Erwin, du glaubst es nicht, was ich mit meinen Hennen für Glück habe! Ich habe ihnen versehentlich Sägemehl statt Futter gegeben.
Gestern sind die ersten Kücken geschlüpft. Was soll ich sagen? - Elf hatten ein Holzbein, das zwölfte ist ein Specht!"

Jagdunfall

Ein Sonntagsjäger hat einen Treiber erschossen. Der Oberförster macht ihm bittere Vorwürfe:
„Wie konnten Sie das bloß tun? Der Mann hat Ihnen doch extra zugerufen, daß er kein Wildschwein ist!"
„Ich hab' gedacht, das Biest blufft!"

Jan ist tot

„Jan ist tot."

„Was ist los? Jan soll tot sein? Wie ist das denn passiert?"

„Er hat die letzte Zeit in 'ner Gummifabrik gearbeitet. Da ist letzte Woche ein Riesenbrand ausgebrochen. Jan hat sich auf's Dach retten können. Die Retter haben unten 'ne große Gummimatte hingelegt, und Jan ist 'runtergesprungen.

Da ist er, wie gesagt, 'rauf und 'runter, 'rauf und 'runter und 'rauf und 'runter . . . Naja, nach drei Tagen haben sie ihn abgeschossen."

Pferdeäpfel

Zwei Marktweiber geraten aneinander. Die eine bewirft ihre Gegnerin mit Pferdeäpfeln. Unglücklicherweise trifft sie deren sperrangelweit geöffneten Mund.

Darauf murmelt die Getroffene:

„Der bleibt solange drin, bis die Polizei kommt!"

Zähne ziehen

Ein junger Mann beklagt sich darüber, daß er nun bald zur Bundeswehr müsse. Sein Kumpel weiß Rat:

„Paß auf! Bevor du zur Musterung gehst, läßt du dir alle Zähne ziehen. Dann nehmen sie dich auf keinen Fall!"
Der Jüngling befolgt diesen Rat umgehend.
Wochen später begegnet er seinem Ratgeber. Dieser will natürlich wissen, ob alles klar gegangen ist.
„Ja, ich brauch nun nicht zum Bund."
„Siehste, hab ich dir ja gesagt – wegen der Zähne!"
„Nee, ich hab' Plattfüße . . ."

Kartoffelpreise

Zwei Familienväter unterhalten sich über die Kartoffelpreise. Einer hat einen duften Tip:
„Ich hab' ein Angebot bekommen. Den Zentner Kartoffeln zu acht Mark."
„Junge, Junge, das ist ja preiswert. Aber da ist sicher'n Haken dran."
„Sind rumänische Kartoffeln. Muß man selber abholen . . ."

Mann mit Pinguin

Ein Mann, der einen Pinguin an der Hand hält, geht auf einen Polizisten zu:
„Herr Wachtmeister, mir ist dieser Pinguin zugelaufen. Was soll ich bloß machen?"

Der Ordnungshüter weiß Rat:
„Gehen Sie doch mit ihm in den Zoo. Das ist eine ganz einfache Sache."
Mann und Pinguin entschwinden. Gegen Abend begegnet der Polizist den beiden wieder:
„Ich hab' Ihnen doch gesagt, Sie sollen mit dem Pinguin in den Zoo gehen ..."
„Haben wir auch gemacht. War prima! Jetzt gehen wir ins Kino!"

Papa, wo ist Afrika?

„Papa, wo ist Afrika?"
„Weiß ich nicht."
„Papa, wo ist Afrika?"
„Weiß ich nicht, laß mich in Ruhe!"
„Ich will aber wissen, wo Afrika ist!"
„Kann nicht sehr weit sein. Wir haben einen Neger in der Firma, der kommt morgens immer mir dem Fahrrad."

Der Zahnersatz

Bei einem Tanzvergnügen lernt ein Herr eine äußerst charmante Dame kennen. Es gibt nur ein Problem: Die Dame ist völlig zahnlos.
Wie das Schicksal so will, hat der Herr eine vollständige Zahnprothese in der Tasche, die er als Kavalier der Dame zur Verfügung stellt.

Der Zahnersatz paßt, und die Dame erstrahlt in neuem Glanz. Natürlich versäumt sie es nicht, sich zu bedanken :
„Welch ein Glück, daß ich in Ihnen hier einen Zahnarzt treffe, der mir so vortrefflich zu helfen vermag!"
„Kleiner Irrtum, gnädige Frau. Ich bin der örtliche Bestattungsunternehmer."

Watzmann

Zwei Freundinnen treffen sich :
„Ich war mit meinem Chef im Urlaub!"
„Wo wart ihr denn?"
„In Berchtesgaden."
„Hat er dir denn auch den Watzmann gezeigt?"
„Ja, gleich hinter Hamburg!"

Der zerbrochene Krug

Der Lehrer, ein sehr ehrgeiziger Mann, verkündet seinen Zöglingen:
„Also, hört mal zu, nächste Woche kommt ja der Schulrat, nicht, da müßt ihr euch schon mal am Riemen reißen. Wenn ihr mich da blamiert, sitzt ihr eine Woche nach!"
Naja, der Schulrat kommt, alle Kinder sitzen verschüchtert in ihren Bänken, und der Schulrat geht sofort auf den ersten zu:

„Na, was weißt du über den zerbrochenen Krug?"

„Herr Schulrat, das war ich nicht!"

Der Schulrat wendet sich, entrüstet über das Ergebnis seiner Frage an den Lehrer. Der aber sagt ganz entschieden:

„Nein, Herr Schulrat, da muß ich den Jungen in Schutz nehmen. Der tut so etwas wirklich nicht."

Der Schulrat kann es kaum noch aushalten und schildert den Vorfall sofort dem Direktor. Der faßt jovial lächelnd in die Hosentasche, gibt dem Schulrat zwanzig Mark und sagt:

„Hier, kaufen Sie sich 'nen neuen Krug, und die Sache ist erledigt!"

So etwas hat der Schulrat überhaupt noch nicht erlebt. Als er den Kultusminister trifft, trägt er ihm den Fall vor. Der hört sich die ganze Geschichte an und sagt dann:

„Mein lieber Schulrat. ICH bin der Meinung, daß es der Direktor gewesen ist. Sonst hätte er Ihnen die zwanzig Mark schließlich nicht gegeben!"

Sammy

Die Lehrerin vor der Klasse:

„Ich werde jetzt jeden Montag eine Frage stellen, wer die beantwortet, bekommt bis Mittwoch frei!"

Alle Schüler lernen wie besessen. Am ersten Montag fragt die Lehrerin: „Wieviel Blätter mögen die

Bäume des Teutoburger Waldes haben?" Entsetzen – Keine Antwort.

Am nächsten Montag fragt sie:

„Wieviel Sandkörner mögen in der Wüste Sahara liegen?"

– Wieder Totenstille und maßlose Enttäuschung.

Der kleine Paul nimmt zwei Hühnereier, malt sie schwarz an, klebt sie zusammen und legt sie auf sein Pult. Die erstaunte Lehrerin:

„Oh, wer ist denn der Künstler mit den zwei schwarzen Eiern?"

Antwortet Pauli:

„Sammy Davis junior, Tschüß, bis Mittwoch!"

Erlkönig

Zur nächsten Unterrichtsstunde muß der „Erlkönig" von den Schülern der Dorfschule auswendig gelernt werden.

Der Lehrer hat für den besten Schüler einen ganzen Sack Kartoffeln als Belohnung ausgesetzt. Das ist ja heute eine Kostbarkeit. Der kleine Paul lernt und lernt. Nach ein paar Stunden hat er das Gefühl, daß er die Kartoffeln auf jeden Fall gewinnen wird.

Er bittet also seinen Vater, pünktlich zur Deutschstunde mit der Schiebkarre vor der Schule zu warten.

Paul meldet sich sofort freiwillig und beginnt mit dem Aufsagen:

„Wer reitet so spät durch Nacht und Wind? Es ist das äh Kind . . . "

„Na ", sagt der Lehrer, „und wo bleibt der Vater? "

„Der steht draußen mit der Schiebkarre und wartet auf die Kartoffeln! "

Wahrscheinlich

Der Lehrer stellt die Hausaufgabe:

„Liebe Kinder, zur nächsten Stunde schreiben wir ein Gedicht. Es muß das Wort *wahrscheinlich* darin vorkommen, und es muß sich reimen. "

Der kleine Siegfried geht nach Hause auf den Bauernhof. Er setzt sich zwar auf den Hosenboden, aber es fällt ihm nichts ein.

Da sieht er, wie der Knecht über den Hof geht und in der Scheune verschwindet. Das bringt ihn auf eine Idee. Siegfried beginnt zu schreiben:

> Der Knecht geht über'n Hof so froh
> Wahrscheinlich holt er Stroh.

Er ist schon ganz zufrieden, kommt aber nicht weiter.

Etwas später beobachtet er die Magd, wie sie dem Knecht in die Scheune folgt. Er fängt sofort wieder an:

> Die Magd geht hinterher
> Wahrscheinlich holt sie mehr.

Na wunderbar. *Wahrscheinlich* kommt drin vor, es reimt sich, aber Siegfried fällt nichts mehr ein. Endlich geht der Junge in die Scheune, um sich dort weitere Anregungen zu holen. Er sieht, was dort geschieht und rennt an sein Pult:

> Die Magd liegt auf dem Rücken
> Der Knecht liegt auf ihr'm Bauch
> Er tut noch etwas zucken
> Wahrscheinlich stirbt er auch!

Internat

Der Internatsdirektor ruft den Vater eines Schülers an:

„Herr Lehmann, ich habe Ihnen zwei Mitteilungen zu machen: eine gute und eine schlechte."

„Oh Gott", sagt der Vater, „dann fangen Sie mal gleich mit der schlechten Nachricht an."

„Ja, Ihr Sohn hat hier mehrfach homosexuelle Neigungen gezeigt."

„Das ist ja schrecklich! – Und jetzt mal die gute Nachricht?"

„Wir haben ihn hier letzte Woche zur Weinkönigin gekürt."

Puff

Ein junger Bursche fährt mit seinem Fahrrad über den Fußweg. Ein Polizist hält ihn an und fragt nach seinem Namen:

„Ich heiße Puff. "

„Aha, was bist du von Beruf? "

„Ich geh' noch zur Schule. "

„Welche Schule? "

„Auf's Gymnasium. "

Der Polizist entläßt den Jungen und ruft am nächsten Tag dessen Schulleiter an:

„Guten Tag, entschuldigen Sie, haben Sie einen Puff? "

„Sind Sie verrückt? Wir haben hier ein Gymnasium. Ein humanistisches ! "

„Nein, ob Sie einen Schüler Puff haben ! "

„Das ist ja unerhört. Wir haben noch nicht einmal einen für Lehrer. "

Moser/Lingen/Sima-Parodie

Hans Moser und Theo Lingen machen eine Schiffsreise. Der Kapitän ist Oskar Sima, wie sollt' es anders sein. Die beiden stehen an der Reeling. Da fängt Moser an:

„Theodor, es riecht ⌐ also, das Schiff, es riecht. "

Lingen: „Mein lieber Hans, wo du das sagst, ich rieche es auch. "

56

Moser: „Theodor, das Schiff, es brennt! Es brennt lichterloh."

Beide sehen Rauch aus einer Kabine aufsteigen. Da erscheint der Kapitän: „Meine Herren, was ist los?"

Moser: „Herr Kapitän, das Schiff, es brennt!"

Lingen: „Herr Kapitän, Sie riechen es selbst, das Schiff, es brennt."

Sima: „Meine Herren, bewahren Sie Ruhe. Wir werden diesen kleinen Brand schon löschen!"

Moser: „Herr Kapitän, womit woll'n wir löschen?"

Sima: „Wir nehmen das Wasser des Meeres."

Moser: „Entschuldigen Sie, Herr Kapitän, und auf was sollen wir heimfahr'n?"

Bing Crosby

Ein Mann wird, wo immer er erscheint, wegen seiner unwahrscheinlichen Ähnlichkeit für den Sänger Bing Crosby gehalten. Endlich hat er die Nase voll und besteigt ein Flugzeug, um in eine Gegend zu fliegen, wo Crosby unbekannt ist.

Aber kaum hat er die Maschine betreten, geht es schon wieder los. Die Stewardeß stürzt auf ihn zu, schlägt die Hände über dem Kopf zusammen und seufzt:

„Das ist zu schön, um wahr zu sein. Bing Crosby in unserem Flugzeug..."

Unser Freund versucht, zu erklären:

„I'm not Bing Crosby!"

Bald darauf landet er am Bestimmungsort und nimmt sich ein Taxi. Als der Taxifahrer ihn ansieht, bricht er in Begeisterung aus:

„Oh, Bing Crosby in my Taxi ..."

„I'm not Bing Crosby!"

Im Hotel angekommen, will der Portier ihn gerade nach dem Namen fragen, als er ganz bleich vor Entzücken wird:

„Wunderbar, Bing Crosby in our hotel ..."

„Zum Donnerwetter, I'm not Bing Crosby!"

Der Mann begibt sich in den Fahrstuhl. Auch der Liftboy bricht fast zusammen:

„Oh, Bing Crosby in my Lift ..."

„Shut up, I'm not Bing Crosby!"

Na, endlich hat er sein Zimmer erreicht. Glücklich, dem Trubel endlich entronnen zu sein, schließt er die Tür auf. Vor ihm auf dem Bett liegt eine splitterfasernackte, bildschöne junge Dame. Sie lächelt ihn selig an:

„Oooooohhh, Bing Crosby!"

Er holt erneut aus:

„I'm ... dreaming of a white Christmas ...!"

Zwei Freunde

Zwei Freunde haben' sich einen neuen Wagen angeschafft. Sie begießen den guten Kauf in ihrer Stammkneipe und machen sich dann, schon stark angetrunken, auf die Jungfernfahrt. Schon nach der ersten Kurve landen sie mit Volldampf im Straßengraben. Der Fahrer fliegt mit dem Lenkrad um den Hals durch die Windschutzscheibe.

Der Beifahrer hängt mit dem Kopf im Amaturenbrett und hat beide Hände im Handschuhfach.

Da kommt sein Freund wieder zu sich und fragt ihn besorgt: „Hannes, hast du was abgekriegt?"

„Nee! Hast du schon wieder 'ne Runde bestellt?"

Betrunkener ohne Führerschein

Ein betrunkener Autofahrer wird erwischt. Der Polizist verlangt den Führerschein.

Der Autofahrer fragt darauf mit drohendem Unterton:

„Meinen Führerschein? Den habt ihr mir doch erst vor vierzehn Tagen abgenommen. Habt ihr den etwa verbummelt?"

Hasenscharte

Ein betrunkener Autofahrer wird von einer Polizeistreife gestellt.

Als der Wachtmeister ihn in die bekannte Tüte blasen lassen will, protestiert er:

„Mann, das kann ich nicht machen. Ich hab' doch 'ne Hasenscharte!"

„Gut", sagt der Polizist, dann machen wir eben 'ne Blutprobe."

Das will der Betrunkene aber auch nicht:

„Das geht leider nicht. Ich bin nämlich Bluter. Dabei geh' ich ja hops..."

Der Beamte hat ein Einsehen. Er fordert den Mann auf, gerade auf einem Kreidestrich entlangzugehen. Der Betrunkene winkt ab:

„Das geht erst recht nicht – dazu bin ich zu besoffen!"

Sauce

Zwei völlig betrunkene Hobbyköche stehen am Tresen ihrer Stammkneipe und tauschen Kochrezepte aus. Der eine schwärmt ganz besonders von folgendem Rezept:

„Wenn du das nächste Mal kochst, mußt du ein Filetsteak in der heißen Pfanne anbraten lassen. Dann tust du sofort 'ne Flasche Cognac drüber. – Wenn das einigermaßen aufköchelt, haust du 'ne Flasche Cointreau drüber, 'ne halbe Flasche Whisky, und, wenn es geht, am Schluß noch'n schönes Glas Sekt. Dann nimmst du natürlich das Filetsteak und schmeißt es aus dem Fenster!"

Der andere fragt entgeistert:

„Wie das denn? Was soll'n das?"

„Das Fleisch schmeckt scheußlich, aber die Sauce is'n Gedicht"

Betrunkener – Liegestütz

Nachts um eins. Ein sehr angetrunkener Mensch kommt in eine kleine Bar, stellt sich in die Tür und lallt:

„Herr Ober, bring mal'n halben Liter, bitte!"

Da sagt der Wirt:

„Guter Mann, ich hab' eben Kasse gemacht. Es ist Feierabend, es gibt nichts mehr."

Damit ist der Betrunkene gar nicht einverstanden:

„Wenn ich jetzt nicht'n halben Liter krieg', passiert ein Unglück!"

Einer der Gäste zeigt Mitleid und sagt zum Wirt:

„Du, wenn er die Übung noch kann, dann gib' ihm man ruhig noch'n Bier."

Der Betrunkene horcht auf:

„Was . . . was'n das für 'ne Übung?"

Der Wirt erklärt es ihm:

„Wenn du jetzt noch zehn Liegestütz machen kannst, so richtig pumpen, dann sollst du deinen halben Liter haben."

„Hahaha, das ist die leichteste Übung!"

Er läßt sich also auf die Tanzfläche fallen, pumpt drei- vier- fünf- sechsmal . . . Plötzlich geht die Tür auf, und es erscheint ein Mann, der bis zum Stehkragen voll ist. Der sieht sich das einen Augenblick mit an und sagt:

„Ohoho, ich habe schon viel im Leben geseh'n. Aber daß sie einem beim Bumsen die Alte klau'n – sowas noch nicht!"

Milch & Obstler

Xaver und Poldi befinden sich auf dem Hochsitz am Kofelgrad. Sie warten auf das Erscheinen eines kapitalen Bockes. Damit ihnen die Zeit nicht zu lang wird, trinkt der Xaver nach und nach an die zwei Liter Obstler. Der Poldi hält sich lieber an Milch.

Endlich um halb sechs ist es soweit. Der Bock erscheint auf der Lichtung.

Poldi, völlig nüchtern, legt an, hat aber Pech, denn er verfehlt den Bock um Millimeter.

Nun ist Xaver an der Reihe. Er wedelt unkontrolliert mit dem Flintenlauf umher und drückt ab.

Der Bock fällt auf der Stelle tot um. Poldi fragt seinen Freund bewundernd, wie er das in dem Zustand geschafft habe.

„Wieso, das war doch nicht schwer, einen aus dem Rudel zu treffen!?!"

Betrunkener – Automarkentest

Wieder einmal wird ein Betrunkener aus dem Auto geholt. Der Polizist will dem Mann noch eine Chance geben:

„Paß auf, wir machen jetzt einen Test. Wenn du den bestehst, laß ich dich laufen. Ich nenne eine Automarke, und du sagst sofort eine hinterher. Also, ich sag MERCEDES, und du sagst sofort

VW hinterher. Alles klar?"

Der Autofahrer ist begeistert, und der Polizist beginnt:

„JAGUAR."

„F-F-FEBRUAR . . ."

Breitmaulfrosch

Es treffen sich zwei Breitmaulfrösche. Da sagt der eine:

„Was hast du denn für ein spitzes Mündchen?"

„Weißt du, ich hatte früher auch so ein breites Maul wie du. Dann habe ich einfach vierzehn Tage lang das Wort *Konfitüre* gesagt, bis mein Mund so schön spitz geworden ist. Mußt du auch mal ausprobieren!"

Nach einiger Zeit treffen die beiden sich wieder. Fragt der eine mit dem spitzen Mund:

„Was ist denn mit dir los? Du hast ja immer noch so ein breites Maul. Hast du etwa nicht geübt?"

„Doch, doch! Aber ich hatte das Wort vergessen. Da habe ich wochenlang *Marmelade* gesagt!"

Kuhgeburtstag

Auf einer Weide stehen zwei Kühe. Plötzlich wakkelt die eine wie wild mit dem Euter. Fragt die andere:

„Was soll das denn?"

„Och, ich hab' morgen Geburtstag und schlag jetzt schon mal Sahne."

Junikäfer

Es klingelt an der Haustür eines Löwen. Der Löwe öffnet und sieht einen völlig betrunkenen Junikäfer auf der Fußmatte sitzen:

„Hallo, ist vielleicht die Löwin zu Hause?"

„Nein", antwortet der Löwe, „die ist im Augenblick nicht zu Hause."

„Gut. Wenn sie wiederkommt, sag ihr mal, ihr Macker war da!"

Hasenscharte (Dame im Zoo)

Eine Dame beobachtet mit großem Interesse den Affenkäfig im Tierpark. Nach einiger Zeit wendet sie sich an den Wärter:

„Herr Wärter, können Sie mir nicht ein Äffchen schenken?"

Der Wärter kann und will dieser Bitte nicht nachkommen. Die Dame gibt jedoch nicht auf:

„Herr Wärter, bitte schenken Sie mir doch so ein niedliches Äffchen!"

Der Wärter lehnt erneut ab.

„Könnten Sie mir nicht wenigstens hintenrum einen besorgen?"

Der Wärter:

„Das will ich gern versuchen, aber daß es ein Affe wird, kann ich nicht garantieren!

Betrunkener und Maus

Ein Gast bestellt beim Wirt zwei Gläser Cognac. Eines trinkt er selbst, den Inhalt des anderen kippt er in seine Brusttasche.

Nachdem er diesen Vorgang etliche Male wiederholt hat, ist der Gast schon stark angesäuselt.

Der Wirt verweigert ihm die nächsten beiden Gläser Cognac. Damit ist der Gast aber überhaupt nicht einverstanden:

„Wenn ich nicht sofort zwei Cognac bekomme, haue ich dich krumm und schief!"

Bevor der Gastwirt zu Worte kommt, guckt eine kleine Maus aus der Brusttasche des Gastes und ruft:

„Und für Ihren Herrn Kater gilt das gleiche!"

Löwe

Zwei Freunde malen sich eine gefährliche Situation aus:

„Stell dir vor, du bist ganz allein in der Wüste, und du wirst von einem Löwen angegriffen. Was machst du?"

„Völlig klar! Ich nehm' das Gewehr und knall ihn ab."

„Nein, nein, so leicht ist das nicht. Du hast selbstverständlich kein Gewehr."

„Na, wenn das so ist, nehme ich mein Messer und ersteche den Löwen."

„Du hast aber kein Messer."

„Dann . . . dann fall ich über das Untier her und würge es."

„Das hast du dir so gedacht. Du bist natürlich völlig geschwächt . . ."

„Sag mal, auf welcher Seite stehst du eigentlich?"

Berliner Feriengast

Ein Berliner Feriengast kommt an die Nordseeküste und trifft dort auf einen alten Fischer, der an der Gartenpforte sein Pfeifchen raucht. Es entwickelt sich folgendes Gespräch:

„Na, Opa, ick hab' jehört, ihr anne Nordsee werd' unheimlich alt. Is dat wahr?"

„Jau", sagt Opa, „das magst wohl sagen. Wir werden ja soo alt hier. Die Luft is ja so gesund für'n Darm und für'n ganzen Orgenismus . . ."

„Denn sag mal, indiskreterweise, wie alt bist du?"

„Das sollst du wissen: Ich bin 78."

„Wat, 78? Da biste ja ganz gut bei Futta!"

„Hör du man bloß up mit dien Gesabbel, du. Ich

hab mich heut' so über meinen Vadder geärgert, das glaubst du gar nicht."

„Wat, du hast auch noch'n Vata? Darf ick ma fragen, wie alt der is?"

„Jau, der is 98!"

„Wat, 98 und lebt – dat glob ick nich. Dat nehm ick dir nich ab!"

„Ach, sei du man still. Wir haben heute Skat und 66 gespielt, und was mein Opa is, der Aas hat geschummelt."

Der Berliner wird kreidebleich und ruft verwundert aus:

„Wat, da is auch noch'n Opa? 'n Vata von dein Vata? Wie alt is der denn?"

„Das sollst du wissen. Mein Opa ist 118."

„Det nehm ick dir nich ab. 118?? Du lügst!"

Da antwortet Opa entrüstet:

„Wenn du das nicht glauben willst, dann frag doch den Herrn Pastor. Der hat meinen Opa konfirmiert."

Berliner vor Gericht

Eine Sache vor Gericht.

Richter: „Anjeklachta, wie kam et zu die Schlägerei?"

Angeklagter:

„Herr Richta, janz eenfach.

Ick setz mir inna Kneipe hin und glotze.

Mir glotzt eena doof an.

Ick ihn ein Bierfilz geg'n de Birne,

Er mir'n Glas Bier in't Jesicht,
Ick ihn ne Pulle Bier über'n Kopp,
Er mir'n Zahnstocha inne Neese,
Ick ihn 'ne Tube Senf ins Ohr,
Er mir'n Stuhlbein über'n Knast,
Ick ihn über'n Tresen
Und – BUMS – war der Streit da!"

Kahns

Vater und Sohn gehen an der Havel in Berlin spazieren. Da sagt der Junge:
„Kiek mal, Papa, lauter Kahns!"
Der Vater korrigiert ihn:
„Das sind Kähne."
Der Junge empört:
„Wat, dat sind keene? Ick kenn doch Kahns!"

Wiener mit Herzfehler

Zwei Wiener sitzen beim Kartenspiel. Sie reizen sich: „Achtzehn – zweiundzwanzig..."
Plötzlich greift einer der Spieler mit schmerzverzerrtem Gesicht an seine Brust. Ein Herzschlag wirft ihn vom Stuhl. Sein Mitspieler geht auf den toten Kameraden zu, sieht in sein Blatt und sagt:
„Der wär' sowieso hin gewesen!"

Straußeneier

In Wien findet eine Führung durch ein Museum statt. Der Museumswärter gibt die entsprechenden Erläuterungen:
„In der naturkundlichen Abteilung, meine Damen und Herren, sehen Sie zwei Original-Straußeneier."
Das veranlaßt eine alte Dame zu dem Kommentar:
„Jo mei – Der Walzerkönig . . ."

Zwang

In Zürich klopft ein Bettler an die Haustür einer alten Dame :
„Ich habe schon seit drei Tagen nichts mehr gegessen!"
Darauf die Dame :
„Sie müssen sich aber zwingen!"

Die Langweiligsten

Die Schweizer sind nach wie vor die langweiligsten Menschen dieser Erde. Beim Stammtisch in Zürich wird Skat gespielt. Nach drei Stunden sagt der erste Mitspieler:
„Achtzehn."
Nach vier Stunden meldet sich der zweite:

„Zwanzig."

Nach sechs Stunden verkündet der dritte:

„Zweiundzwanzig."

Nach acht Stunden der erste wieder:

„Ich passe!"

Als neun Stunden um sind, beginnt der zweite fürchterlich zu stöhnen:

„Ohahuaoooooohhhh..."

Die anderen fragen ihn besorgt, was er denn habe. Er antwortet:

„Ich war gestern mit meiner Frau intim. Jetzt kommt's!"

Appenzeller

Die Schweizer haben einen Volksstamm, der ähnlich ist, wie bei uns die Ostfriesen. Das sind die Appenzeller.

Einer dieser Appenzeller hatte gehört, daß die Appenzeller die kleinsten Menschen der Welt sein sollten, und da ist er sehr deprimiert und aufgeregt die ganze Nacht unter dem Bett auf und ab gegangen.

Fahrrad

Cassius Clay stellt sein Fahrrad in der 6th Avenue ab und hängt einen Zettel daran:

„Diebstahl zwecklos, Besitzer Cassius Clay!"

Er kommt zurück, Fahrrad ist weg. Auf der Rückseite des Zettels steht:

„Verfolgung zwecklos. – Neuer Besitzer: Eddy Merckx!"

Späte Gäste

Ein adliger Mexikaner kommt spät abends in ein New Yorker Hotel. Er erklärt dem Portier, daß er eine Nacht dort bleiben möchte. Der Portier bittet schläfrig um den Namen des Gastes.

„Don Lopez della Capella Arante de Mentos y Aracota do grande Solvedos!"

„OK, kommt 'rein Jungs. Der letzte macht die Tür zu!"

Tünnes & Schäl – Federbett

Tünnes und Schäl haben nach einer Beerdigung ordentlich einen zur Brust genommen. Anschließend torkeln sie auf der Suche nach einer Bleibe durch die Dunkelheit. Endlich finden sie einen unverschlossenen Raum und darin ein weiches Federbett. Die beiden legen sich sofort auf's Ohr. Tünnes wacht am nächsten Morgen als erster auf und ruft entsetzt:

„Schäl, deck sofort deinen Hintern zu. Wir liegen in einem Schaufenster!"

Wie 't mich jeht

Der Tünn trifft den Schäl. Sagt Schäl:
„Tünn, tu misch ein Jefall'n. Frag misch einmal,
wie't misch jeht. "
Tünn: „Ich frag disch nit! "
Schäl: „Tu misch ein Jefall'n. Frag misch einmal,
wie't misch jeht. "
Tünn: „Ich frag disch nit! "
Schäl: „Bitte frag misch einmal . . . "
Tünn: „Na gut. Wie jeht et disch ? "
Schäl: „Frag misch nit!!! "

Oma Penellis – Gesangbuch

An einem Sonntagmorgen trifft die Oma Penellis
die Oma Penunnes mit einer großen Speckseite
unter dem Arm auf der Straße an :
„Weiß der Deibel, Penunnes, wohin jehst ? "
„Na, wie jeden Sonntagmorgen, in de Kirch. "
„Und was willst dann mit dem Stick Speck
unter'm Arm ? "
Oma Penunnes bemerkt verwundert die Speckseite und antwortet:
„Weiß der Deibel, da hab ich das Jesangbuch
bestimmt in de Erbsensuppe jeschmissen! "

Oma Penellis – Student

Bei Oma Penellis helfen immer ein paar Studentchens im Garten.
Dafür dürfen die Jungens bei der Oma zu Abend
essen.
Eines Abends sieht doch das Frauchen, daß einer
von den Studentchens ein bißchen bedripst
dasitzt, und sie fragt ihn:
„Na, Herr Studentchen, Sie sind ja so niedergeschlagen. Mir kennen Se ruhig sagen, was Se
bedrickt."
„Ach", antwortet der Student, „mir ist diesen
Monat der Wechsel ausjeblieben!"
Darauf die Oma : „Herrje – mit so'nem Mist
haben Se auch zu tun ?!?"

In der Bahn

Der Adomeit und der Steputat, die sitzen in der
Bahn. Sie befinden sich auf der Fahrt nach
Insterburg. Da schaut ein Mann ins Abteil:
„Morjen, morjen, na, wie jeht's? Wem erkenn'
ich? Wer glaubt das – der Sausmikat – na, wie
jeht's ?"
„Ausjezeichnet geht es mir. "
„Na, was macht die Schusterei ?"
„Wunderbar, die Schusterei läuft. "
„Was macht die Frau ?"

„Jesund."

„Und de finf Kinderchens?"

„Alle wohlauf."

Der Mann verschwindet wieder. Da fragt Adomeit seinen Freund:

„Heer mal zu, du heißt doch gar nich Sausmikat!"

„Nee, ich heiß gar nich Sausmikat."

„Du bist doch auch kein Schuster nich."

„Nee, bin ich nich. Hab' 'ne Schneiderei."

„Na, Mensch, und verheirat' bist doch auch nicht!"

„Nee, Gott sei Dank nicht."

„Und finf Kinderchens hast doch erst recht nich!"

„Nee, hab ich nich."

„Und was soll dann das Ganze?"

„Was soll ich mich mit so'nem Kreert streiten!"

Oma Penellis – Finanzamt

Die Oma Penellis ist schon neunzig Jahre alt. Neuerdings hat sie Schwierigkeiten mit ihrem Bettgestell. Nacht für Nacht bricht das Ding zusammen. Endlich faßt sie sich ein Herz und schreibt einen Brief:

„Am lieben Gott im Himmel!

Lieber Gott im Himmel, ich bin all neunzig Jahre alt. Schick mir doch bitte Hundert Mark. Ich mecht mir so'n neues Gestell kaufen, daß ich noch'n bische schön schlafen kann."

74

Der Brief landet auf der Post. Die Beamten lachen sich halb tot und leiten das Schreiben weiter an's Finanzamt. Die Leute auf dem Finanzamt lachen zuerst auch – dann aber schlägt ein Mitarbeiter vor, daß jeder der achtzig Finanzbeamten eine Mark für die alte Dame stiften möge, um ihr auf ihre alten Tage ein ordentliches Bett zu bescheren.

Gesagt – getan.

Die achtzig Mark kommen richtig bei Oma Penellis an. Sie bekommt auch für achtzig Mark so ein Gestell und schreibt einen Dankesbrief. Der geht den selben Weg wie der erste und landet wieder auf dem Finanzamt:

> Lieber Gott im Himmel,
> Ich danke dir, daß du mir so scheen hast unterstitzt. Aber eine Bitte habe ich: sollte ich dir nochmal benetigen, schick das Geld bitte nich ieber's Finanzamt. Die Hunde haben doch gleich zwanzig Mark für sich behalten!"

Der erste Flug

Der Endrigkeit macht das erste Mal einen Flug. Vorne in der Kanzel spielt sich folgendes ab: Der Co-Pilot zum Kapitän:

„Sag mal, hast du eigentlich schon die Fluggäste begrüßt?"

„Au nein! Gut, daß du mich daran erinnerst. Hätte ich bald vergessen."

Er nimmt also dieses Mikrofon, das an einer geringelten Schnur neben ihm hängt und richtet die üblichen Grußworte an die Fluggäste. Er vergißt jedoch, das Mikrofon anschließend abzustellen, und so geschieht es, daß die Reisenden in den Genuß folgender Worte kommen:

„Weißt du was, jetzt werd' ich erstmal 'ne schöne Flasche Bier trinken, und dann will ich die schöne Stewardeß vernaschen!"

Die Stewardeß im Heck der Maschine rückt wutentbrannt ihr Käppchen zurecht und macht sich eilig auf den Weg, um dem Piloten ihre Meinung zu sagen. Da hält der alte Endrigkeit sie fest:

„Na, Frauchen, lauf man nicht so schnell! Er will ja erst noch 'ne Flasche Bier saufen."

Adameit

... treffen sich zwei. Sagt der eine:

„Hör mal zu, kennste eijentlich dem Adameit?"

„Nee, kenn ich nich!"

„Kennste vielleicht dem Steputat?"

„Nee, ich glaub, da kenn ich schon eher dem Adameit!"

„Sach mal, Kulkies, hast du schon Heimweh?"

„Nee, wo kann man hier beantragen?"

„Sagen Sie mal, sind Sie nich der Petersen aus Insterburg?"

„Nee, ich bin der Steputat aus Malkowski!"

„Sehen Sie, die beiden Namen verwechsle ich all immer!"

5x5

In Ostpreußen gab es natürlich auch Irrenanstalten. In einem solchen Heim stehen drei Insassen zur Entlassung an. Allerdings müssen sie sich erst einmal einer Prüfung durch den Direktor unterziehen. Der fragt den Ersten:

„Na bitte, wieviel ist 5 x 5?"

Die Antwort kommt wie aus der Pistole geschossen: „64."

„Nee", sagt der Anstaltsleiter, „du Aaskreert bleibst noch'n bische hier."

Dann nimmt er sich den Zweiten vor:

„5 x 5?"

Die Antwort: „72!"

„Du bist ja noch dammlicher", brüllt der Direktor, „du bleibst auch hier!"

Fragt er den Dritten:

„5 x 5?"

Der sagt gelangweilt:

„25."

„Mensch, sagenhaft", sagt der Direktor, „wie bist'n da so schnell drauf jekommen?"

„Na, is doch ganz einfach: 1000 wen'jer 7!"

Steputat in de Kirch

Der Steputat jing gerne in de Kirch'. Hat immer
bische jesungen, bische gebetet für alle Sinden,
die er begangen hat und ist immer ein bische ein-
jeschlafen, so'n bische einjedruselt. Nu kam der
Küster immer mit diesem kleinen Klingelbeitel
durch de Reihen und kam auch bei ihm vorbei.
Da wacht der alte Steputat auf und sagt:
„Nee, hau mal ab, meine Mütze is das auch
nich!"

Inhalt